AF370894

TRAITÉ COMPLET

DE

LA TAILLE DE LA PLUME,

OU

MÉTHODE RAISONNÉE

Au moyen de laquelle on peut apprendre seul, sans peine et en fort peu de temps à tailler les plumes.

Pour exécuter tous les genres d'Écriture, jeter les grandes lettres et les traits d'ornement, expédier, sténographier, copier la musique, dessiner, etc., etc.

OUVRAGE RENFERMANT SEPT PLANCHES,

dont les principales représentent la manière de tenir le canif et la plume pour chacune des opérations de la taille ;

Par F.-L. PILLON,

Professeur de Calligraphie au Collége et dans les principales maisons d'éducation de la ville de Troyes, auteur de l'Art d'écrire de la main gauche, des Méthodes d'écriture grecque et allemande à l'usage des Colléges, et de plusieurs autres ouvrages de Calligraphie et de Sténographie.

PARIS.

Chez RORET, libraire, rue Hautefeuille, 10 *bis*, au coin de celle du Battoir.

—

1847.

Troyes. — Imp. POIGNÉE, rue du Temple, 18.

PRÉFACE.

Deux raisons puissantes nous ont engagé à nous occuper de ce traité : la première, c'est que les plumes de fer ne peuvent pas remplacer les plumes d'oie; la seconde, c'est que la taille de la plume n'a pas été jusqu'ici bien démontrée.

Dans notre opinion, les plumes de fer ne sauraient remplacer les plumes d'oie, en voici les motifs : d'abord, il est impossible de les mettre en rapport soit avec l'écriture, soit avec la position et jusqu'à un certain point, avec le degré de légèreté ou de pesanteur de la main qui exécute, comme on peut le faire avec la plume d'oie; nous ferons ensuite observer que la matière dont les plumes de fer sont composées, n'est ni assez douce ni assez flexible pour produire des traits moelleux et corrects.

La taille de la plume n'a pas été bien démontrée, parce que les auteurs qui s'en sont occupés n'ont été ni assez clairs, ni assez explicites. Voici ce qu'ont dit ces auteurs : La plume se tient avec les trois premiers doigts de la main gauche, le canif, avec les quatre derniers doigts de la main droite; on ouvre la plume sur le ventre et sur le dos; on commence la fente avec la lame du canif; on l'achève avec le manche en introduisant celui-ci dans le tuyau, en ayant soin d'appuyer le pouce gauche à l'endroit où la fente doit s'arrêter; le bec se forme en évidant les côtés de la plume et son extrémité se coupe sur une autre plume par un coup prompt et net, selon la grosseur requise; on termine enfin par le grand tail, qui doit avoir deux fois la longueur du bec. Nous ne voyons pas que ces auteurs aient dit autre chose; et cependant, ces principes sont insuffisants pour apprendre à tailler une plume.

Pour enseigner convenablement cette partie importante de l'art calligraphique, il fallait quelque chose de plus net, quelque chose de mieux développé, on devait d'abord faire connaître les parties de la plume, le nombre, les dénominations et les figures des opérations de la taille, les parties de la taille et les proportions de ces parties; il fallait ensuite expliquer la manière d'exécuter les opérations de la taille, non pas toutes ensemble, mais, chacune isolément, et en s'aidant de figures qui représentassent la tenue de la plume et du canif, et puisque les différents genres d'écriture et les principales dimensions des caractères exigent des tailles différentes, il fallait donner les figures de ces tailles et les explications qui les concernent.

C'est aussi ce que nous avons fait dans ce traité. Nous avons, d'ailleurs, rendu notre travail complet par l'exposé de toutes les tailles usitées, et nous ne le livrons au public, qu'après nous être bien assuré de l'efficacité des principes qu'il renferme.

TRAITÉ COMPLET

DE LA

TAILLE DE LA PLUME.

La plume se taille à un ou à deux becs. La taille à un bec étant la plus facile en même temps qu'elle est la plus usuelle, est celle par laquelle nous allons commencer. Disons d'abord un mot du canif et de la plume qu'il convient d'employer pour apprendre plus facilement les opérations de la taille.

Le canif doit être de bonne qualité ; il doit, autant que possible, avoir le manche arrondi et assez fort pour remplir convenablement la capacité de la main ; sa lame doit être étroite et recourbée.

La plume doit avoir le tube rond et ferme ; elle ne doit être ni trop grosse, ni trop petite, mais tenir le milieu entre ces deux extrêmes.

Parties de la plume qu'il est bon de connaître avant de s'occuper de la taille.

On nomme *tube*, la partie transparente de la plume ; *tige*, la partie non transparente qui se prolonge au-dessus du tube ; *barbes*, ces espèces de franges qui règnent de chaque côté de la tige ; *ventre*, le devant de la plume ; *dos*, le derrière de la plume ; *côté droit*, le côté de la plume qui est à notre gauche, lorsque le ventre nous fait face ; *côté gauche*, l'autre côté.

Nombre, dénominations et figures des opérations de la taille.

La taille de la plume à un bec exige huit opérations que je nomme :

Coupe sur le ventre,
Coupe sur le dos,
Préparation pour la fente,
Fente,
Coupe sur le côté droit,
Coupe sur le côté gauche,
Coupe de l'extrémité du bec,
Coupe au-dessus du bec.

La coupe sur le ventre (fig. 1 pl. 1) est une grande coupe ap—platie *à son extrémité inférieure.*

La coupe sur le dos (fig. 2, même pl.) est une petite coupe.

La préparation pour la fente (fig. 3) est une incision légère *correspondant au milieu du dos de la plume.*

La fente (fig. 4) est le développement de cette incision.

La coupe sur le côté droit (fig. 5) est une coupe en forme d'arc.

La coupe sur le côté gauche (fig. 6) est une coupe semblable à celle qui précède.

La coupe de l'extrémité du bec (fig. 7) (1) est une coupe faite horizontalement ou obliquement; horizontalement, si l'on ne renverse pas la main en dehors lorsqu'on écrit; obliquement, si l'on a l'habitude de la renverser (2).

La coupe au-dessus du bec (fig. 8) est une grande coupe.

Parties de la taille et proportions de ces parties.

Les parties de la taille sont :

1° La coupe au-dessus du bec;

2° Le bec de la plume qui se divise en *demi-bec de droite* et en *demi-bec de gauche.*

3° *L'angle supérieur de droite* et *l'angle supérieur de gauche* qui séparent le bec de la plume de la coupe au-dessus du bec.

---

(1) C'est par erreur que la figure de cette opération est coupée au-dessus du bec autrement que la figure qui la précède.

(2) On renverse la main en dehors toutes les fois qu'entre son bord cubital (bord qui est du côté du coude) et le papier sur lequel on écrit, on ne laisse pour ainsi dire pas d'intervalle.

4° *L'angle inférieur de droite et l'angle inférieur de gauche* qui ne sont autre chose que les angles extérieurs que présente à droite et à gauche la pointe du bec de la plume (1).

La coupe au-dessus du bec doit avoir deux centimètres de long ou environ, le bec un centimètre ; les demi-becs doivent être semblables, les angles supérieurs doivent se correspondre :

NOTA. — Le demi-bec de droite ainsi que l'angle supérieur et l'angle inférieur de droite sont encore appelés demi-becs du pouce, angle supérieur, angle inférieur du pouce, parce que ce demi-bec et ces angles se trouvent du côté du pouce lorsqu'on écrit. Il en est de même à l'égard du demi-bec et des angles supérieur et inférieur de gauche, qui, se trouvant du côté du majeur, se désignent par le nom de ce doigt.

(1) Ces diverses parties de la taille ont reçu autrefois des noms barbares qui sont encore dans la bouche de presque tous les professeurs, tels sont : *le grand tail, le petit tail, les carnes*, etc., pour désigner la coupe au-dessus du bec, le bec, les demi-becs, etc.

MANIÈRE D'EXÉCUTER LES HUIT OPÉRATIONS DE LA TAILLE.

(Avant de commencer ces opérations, redressez la tige de la plume qui est toujours plus ou moins courbée, coupez-en le bout, et enlevez les barbes qui pourraient gêner l'indicateur de la main droite, lorsqu'on écrit.)

1re **Opération.** — *Coupe sur le ventre,*

(Voy. la fig. 1 de la pl. 2.)

Tenez la plume avec les trois premiers doigts de la main gauche perpendiculairement au corps ; le canif avec les quatre derniers doigts de la main droite horizontalement. Engagez le pouce de la main droite sous la plume, appuyez-le contre le pouce et contre le majeur de la main gauche, et faites-le reposer sur les deux derniers doigts de cette main. Appliquez ensuite, en l'inclinant en dehors, la lame du canif sur le tube, à une bonne distance de son extrémité, de manière que la lame dans sa longueur soit perpendiculaire à ce même tube.

Pour exécuter la coupe sur le ventre, ramenez la lame du canif vers vous par le jeu simple et naturel des quatre derniers doigts de la main droite, en appuyant modérément sur la plume.

2ᵉ opération.
Coupe sur le dos.

Retournez la plume en la roulant de gauche à droite entre les trois premiers doigts de la main gauche, sans rien changer à sa position et à celle du canif, et tenez la lame du canif tout près de l'extrémité du tube, comme l'indique la fig. 2 de la pl. 2.

Pour faire la coupe sur le dos, ramenez, comme à l'opération précédente, la lame du canif vers vous par le jeu des quatre derniers doigts de la main droite.

3ᵉ opération.
Préparation pour la fente.

Continuez à tenir la plume comme aux opérations qui précèdent, c'est-à-dire avec les trois premiers doigts de la main gauche, mais renversez la main en dehors et tenez les deux deux derniers doigts pliés dans la paume, comme vous le montre la fig. 1 de la planche 3 (1).

Tenez le canif par les épaisseurs du manche avec *les extrémités des quatre premiers doigts de la main droite* verticalement, et de façon que la partie supérieure de la lame corresponde au milieu de la coupe sur le dos, comme l'indique la figure déjà citée.

Pour faire la préparation de la fente, dirigez le canif de bas en haut en appuyant à peine sur la lame.

---

(1) La plume de cette figure devrait dépasser un peu plus de ce côté-ci du pouce.

4ᵉ opération.

Fente.

La plume devant être, pour cette opération, oblique à gauche, et le pouce gauche plus près de l'extrémité du tube qu'il ne l'est par suite des opérations précédentes, commencez par obliquer la plume et par rapprocher le pouce, comme vous le voyez à la fig. 2 de la pl. 3 (1).

A cet effet, abandonnez le canif aux trois derniers doigts de la main droite, et saisissez avec les deux premiers la plume par l'extrémité du tube ; dirigez, à l'aide de ces deux doigts, la plume de droite à gauche, et en même temps glissez le pouce gauche sur le tube jusqu'à ce qu'il soit parvenu à l'endroit indiqué. Ceci fait, retirez le pouce de la main droite, et placez-le de manière que son ongle se trouve sous le tube de la plume, comme l'indique encore la figure 2.

---

(1) La plume de cette figure n'oblique pas suffisamment à gauche et dépasse trop de ce côté-ci du pouce.

Pour fendre la plume, appuyez-la sur l'ongle du pouce de la main droite, et en même temps *pressez-en le tube avec le pouce et le majeur de la main gauche,* afin d'arrêter la fente qui, sans cette précaution, pourrait devenir plus longue qu'il ne serait nécessaire.

5ᵉ opération.

Coupe sur le côté droit.

Tournez la plume en la roulant de droite à gauche jusqu'à ce que le côté droit du tube soit devant vous, et tenez-la ainsi que le canif, comme à la fig. 1 de la pl. 4, c'est-à-dire comme à la première opération, mais obliquement.

Pour exécuter la coupe sur le côté droit, évidez la plume peu à peu, légèrement, et en évitant, autant que possible, d'ouvrir la fente. Servez-vous surtout de la partie supérieure de la lame du canif.

6ᵉ opération.

Coupe sur le côté gauche.

Tournez la plume en la roulant de gauche à droite jusqu'à ce que le ventre du tube soit de votre côté, comme à la fig 2 de la pl. 4; et procédez comme à l'opération précédente.

7ᵉ opération.

Coupe de l'extrémité du bec.

Retournez la plume, introduisez dans le tube une plume ferme, et tenez-la, ainsi que le canif, comme à la fig. 1 de la pl. 4, c'est-à-dire comme à la première opération.

Pour exécuter la coupe de l'extrémité du bec, amincissez un peu le dessus de la plume, et coupez-la nettement en tenant la lame du canif d'aplomb sur son tranchant.

8ᵉ opération.

Coupe au-dessus du bec.

Retirez la plume que vous aviez introduite; retournez une dernière fois celle que vous taillez, et tenez-la, ainsi que le canif, comme à la fig. 2 de la pl. 4, c'est-à-dire exactement comme à la première opération; procédez de même.

Telles sont les diverses opérations que doit subir toute plume taillée à un bec, quelle que soit l'écriture ou l'espèce de travail auquel on la destine; mais la fente de cette plume sera plus longue ou plus courte, sa pointe plus large ou plus fine, sa manière d'être plus ferme ou plus molle, la coupe de l'extrémité de son bec horizontale ou oblique, selon que cette même plume sera taillée pour une écriture lourde ou pour une écriture légère, pour une écriture en gros ou pour une écriture en fin, pour un ouvrage lourd ou pour un travail délicat, selon qu'elle devra se trouver en rapport avec telle ou telle position, et jusqu'à un certain point avec tel ou tel degré de légèreté ou de pesanteur de la main qui exécute.

Nous allons indiquer toutes ces modifications en commençant par les écritures légères.

ÉCRITURES LÉGÈRES,

Anglaise, Cursive française, Cursive grecque, Cursive allemande.

Ces quatre genres d'écriture, dont les pleins se forment par la pression, se tracent avec une plume en fin, quelle que soit la force des caractères qu'il s'agit d'exécuter.

Pour le gros, cette plume doit être assez grosse et assez ferme, la fente doit excéder la longueur du bec, la pointe doit être un peu large. (Voy. la fig. 1 de la pl. 6.)

Pour le moyen, elle doit être moins ferme que pour le gros, la fente doit avoir la longueur du bec ou à peu près, la pointe doit être moins large. (Voy. la fig. 2 de la même planche.)

Pour le fin, elle doit être un peu molle, très-fine et un peu moins fendue que pour le moyen. (Voy. la fig. 3).

L'extrémité du bec de cette plume sera coupée horizontalement, comme aux fig. 1, 2 et 3 de la pl. 6, si l'on ne renverse pas la main en dehors, et obliquement de gauche à droite, comme aux fig. 4, 5 et 6 de la même planche, si l'on a l'habitude de la renverser.

L'obliquité de cette coupe devra être en raison de l'inclinaison de la main, c'est-à-dire que si la main penche beaucoup, cette obliquité sera forte ; si elle penche peu, cette obliquité sera à peine sensible.

ÉCRITURES LOURDES,

Ronde, Bâtarde, Coulée, Gothique ancienne, Gothique moderne, Ronde grecque.

Toutes ces écritures se tracent avec une plume dont la pointe est de la largeur du plein des caractères que l'on veut former.

Pour le gros, cette plume doit être grosse et ferme, la fente doit avoir le 1,4 ou à peu près, de la longueur du bec de la plume. (Voy. la fig. 7 de la pl. 6.)

Pour le moyen, elle doit être moins ferme que pour le gros, et un peu plus fendue. (Voy. la fig. 8.)

Pour le fin, elle doit être un peu molle et assez fendue. (Voy. la fig. 9.)

La pointe de cette plume sera coupée horizontalement si l'on ne renverse pas la main en dehors, et obliquement de gauche à droite si on a l'habitude de la renverser; l'obliquité de cette coupe sera en raison de l'inclinaison de la main.

Lettres capitales et Traits d'ornements.

La plume dont on fera usage sera assez grosse et assez ferme, la fente devra être de la longueur du bec ou à peu près, la pointe sera assez fine et coupée horizontalement. (Voy. la fig. 10 de la pl. 6.)

Expédiée.

Si l'on doit expédier de la cursive, la plume sera assez ferme, assez fendue et assez fine; si c'est au contraire de la coulée ou de la ronde, ou quelqu'une de ces écritures comme on en voit tant, notamment dans les colléges, la plume sera ferme et peu fendue, la pointe en sera surtout un peu large. (Voy. les fig. 3 et 9 de la pl. 6.)

Sténographie.

On n'emploiera que des plumes fermes, peu fendues et assez fines. (Voy. la fig. 4 de la pl. 7.)

Musique.

On se servira d'une plume assez ferme et assez fendue, la pointe en sera un peu large. (Voy. la fig. 1 de la pl. 7.)

Dessin à la plume.

La plume de corbeau aura la préférence sur le bout d'aile et sur la plume de canard employées au même usage. Elle devra être peu fendue, assez fine et coupée horizontalement. (Voyez la fig. 5 de la pl. 7.)

Tracé des lignes à la règle.

On ne fera usage que de plumes très-fermes, peu fendues et coupées horizontalement. (Voy. les fig. 2, 3 et 4 de la pl. 7.)

TAILLE DE LA PLUME A DEUX BECS.

Cette taille demande une douzaine d'opérations ; mais comme la plupart de ces opérations ne diffèrent pas de celles que l'on connaît déjà, nous allons les expliquer brièvement.

Manière d'exécuter la taille de la plume à deux becs.

Les coupes sur le ventre et sur le dos étant faites, comme l'indique la fig. 6 de la pl. 7, pratiquez au milieu du tube avec la pointe d'une aiguille à coudre, un trou comme vous en voyez un fig. 7. Couchez ensuite la plume du côté du dos sur la table, et enlevez avec la pointe du canif la partie *i o e i*. Relevez la plume et échancrez-en les côtés comme à la fig. 8 ; puis introduisez une plume très-ferme dans son tube, et coupez sur cette plume les extrémités des deux becs horizontalement, comme à la fig. 9. Retirez la plume que vous venez d'introduire, couchez encore une fois la plume du côté du dos sur la table, et fendez les deux becs, comme à la fig. 10, en opérant toujours avec la pointe du canif. Relevez la plume, rafinez-en les becs et coupez-les une dernière fois sur la plume qui a déjà servi à cet usage, horizontalement, si vous ne renversez pas la main en dehors, obliquement, si vous la tenez renversée ; après quoi faites la coupe au-dessus du bec, comme à la fig. 11.

Usage de la plume à deux becs.

On se sert de la plume à deux becs pour tracer des lettres à jour, lettres propres à recevoir des ornements, et pour enseigner avec plus d'exactitude et de rapidité les écritures bâtarde, coulée, ronde et gothique.

NOTA. Le tube de cette plume doit être gros et dur.

Cet article concernant la plume à deux becs complète ce que nous avions à dire de la taille de la plume. Cependant comme nous ne voulons laisser rien à désirer sur ce sujet, nous allons indiquer, non seulement la qualité des plumes qu'il convient d'employer pour obtenir une exécution parfaite, mais encore celle de l'encre et du papier qui doivent, comme la plume, se trouver constamment en rapport avec l'écriture ou le genre de travail que l'on exécute.

Des Plumes.

Elles doivent être vieilles et garnies de barbes peu épaisses.

Leur tube, ordinairement jaune et transparent, doit se fendre finement, nettement et en droite ligne.

De l'Encre.

L'encre doit offrir un noir parfait et s'employer limpide pour l'expédiée et le tracé des lignes à la règle, moins coulante pour les écritures légères à main posée, assez épaisse pour les écritures matérielles, et le dessin (1).

Du Papier.

Il faut le choisir d'un beau blanc légèrement satiné pour les écritures légères, posées et expédiées; mat pour les écritures matérielles et pour les autres travaux à la plume. On préfère pour le dessin un papier un peu jaune

---

(1) Quand le dessin ne se fait pas à l'encre de Chine.

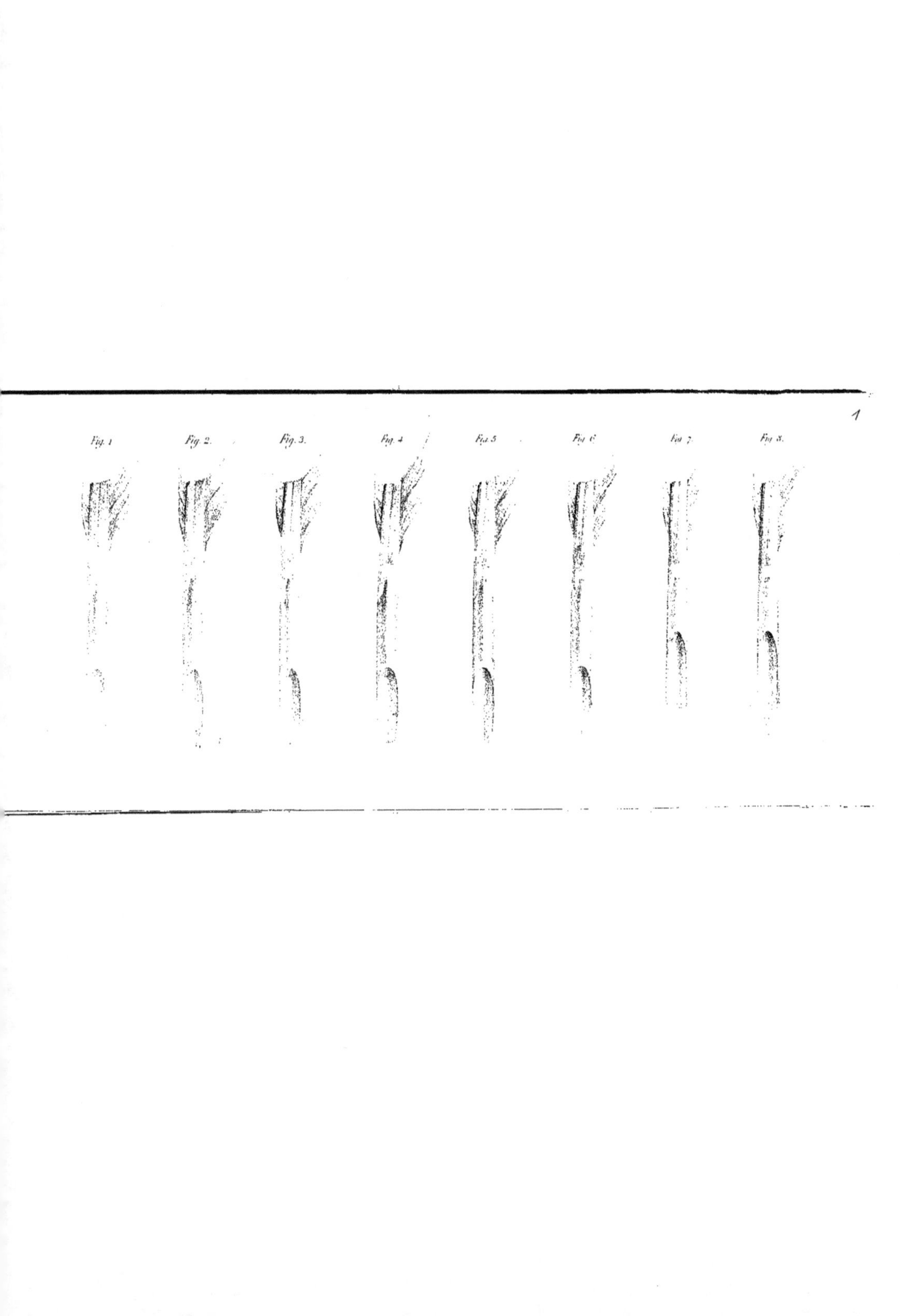

Fig. 1.
Fig. 2.
Fig. 3.
Fig. 4.
Fig. 5.
Fig. 6.
Fig. 7.
Fig. 8.

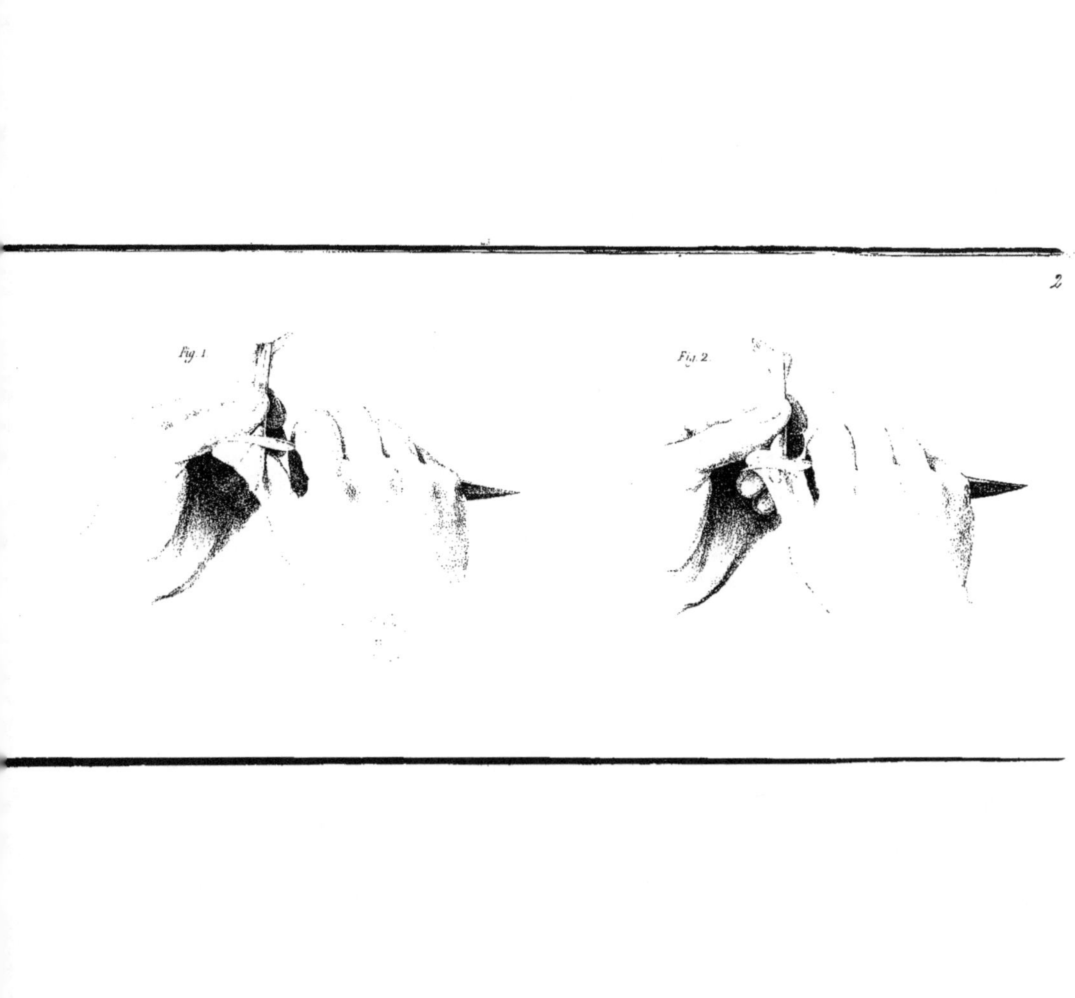
Fig. 1.
Fig. 2.

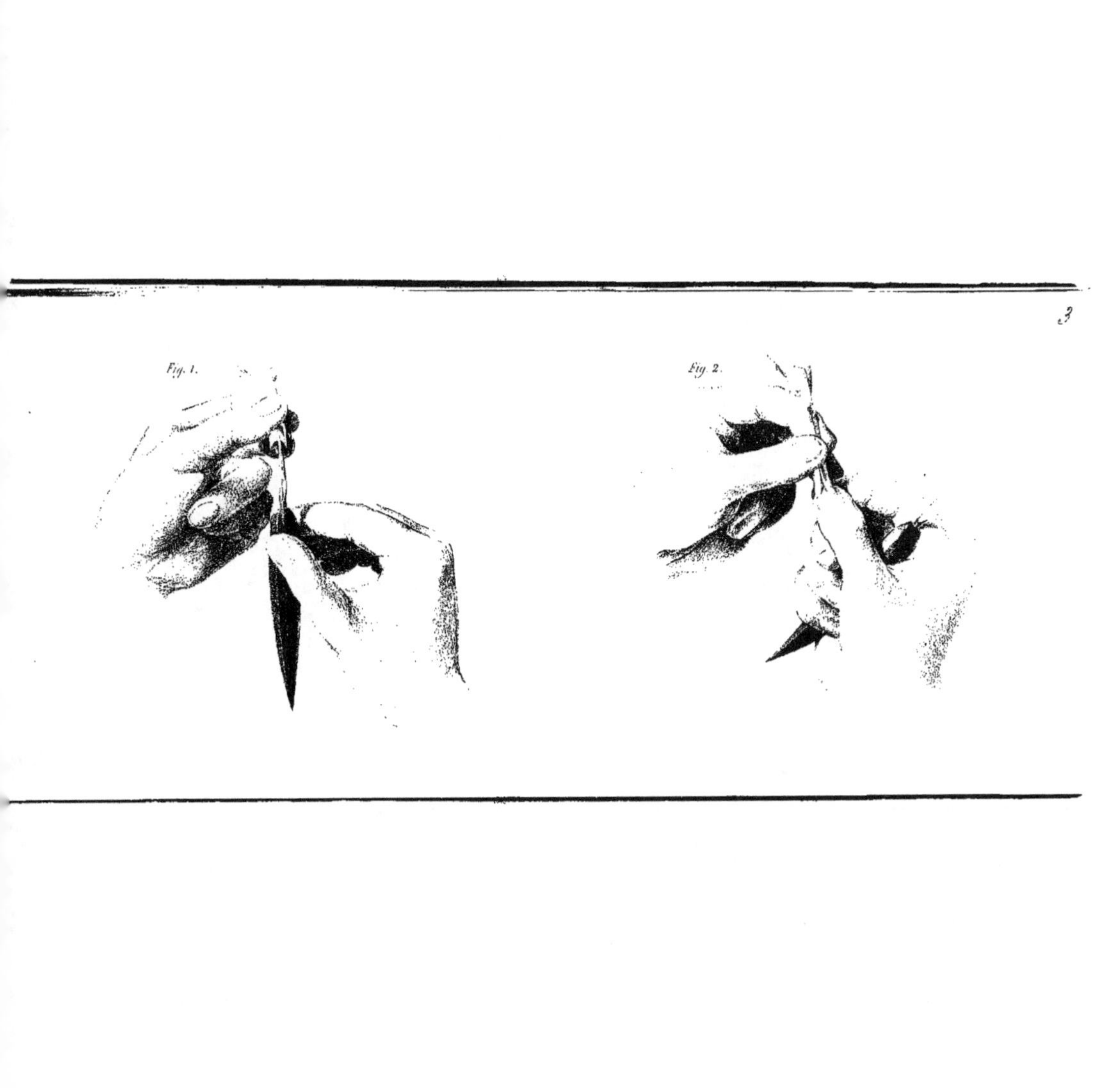
Fig. 1.
Fig. 2.

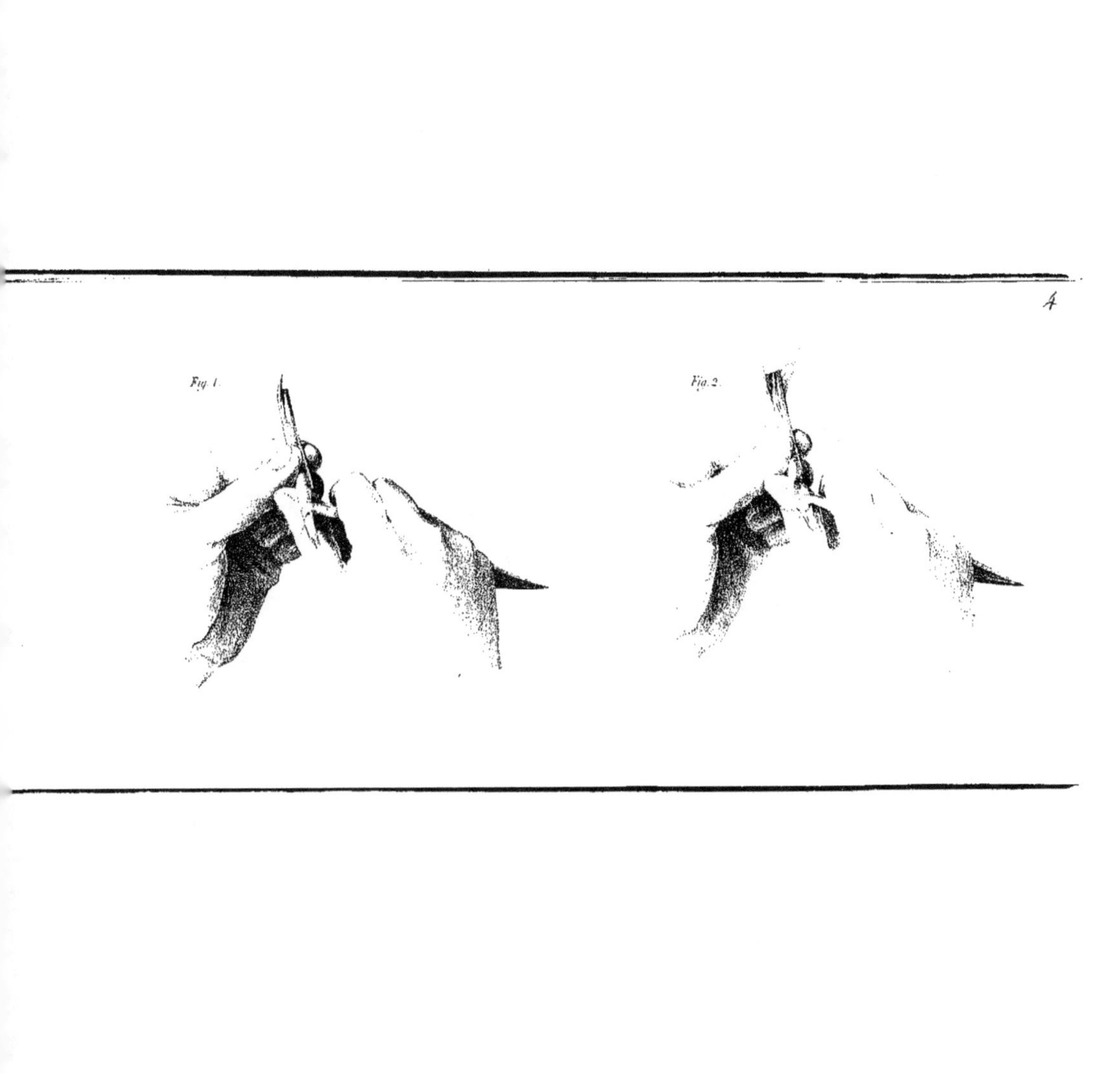
Fig. 1.
Fig. 2.

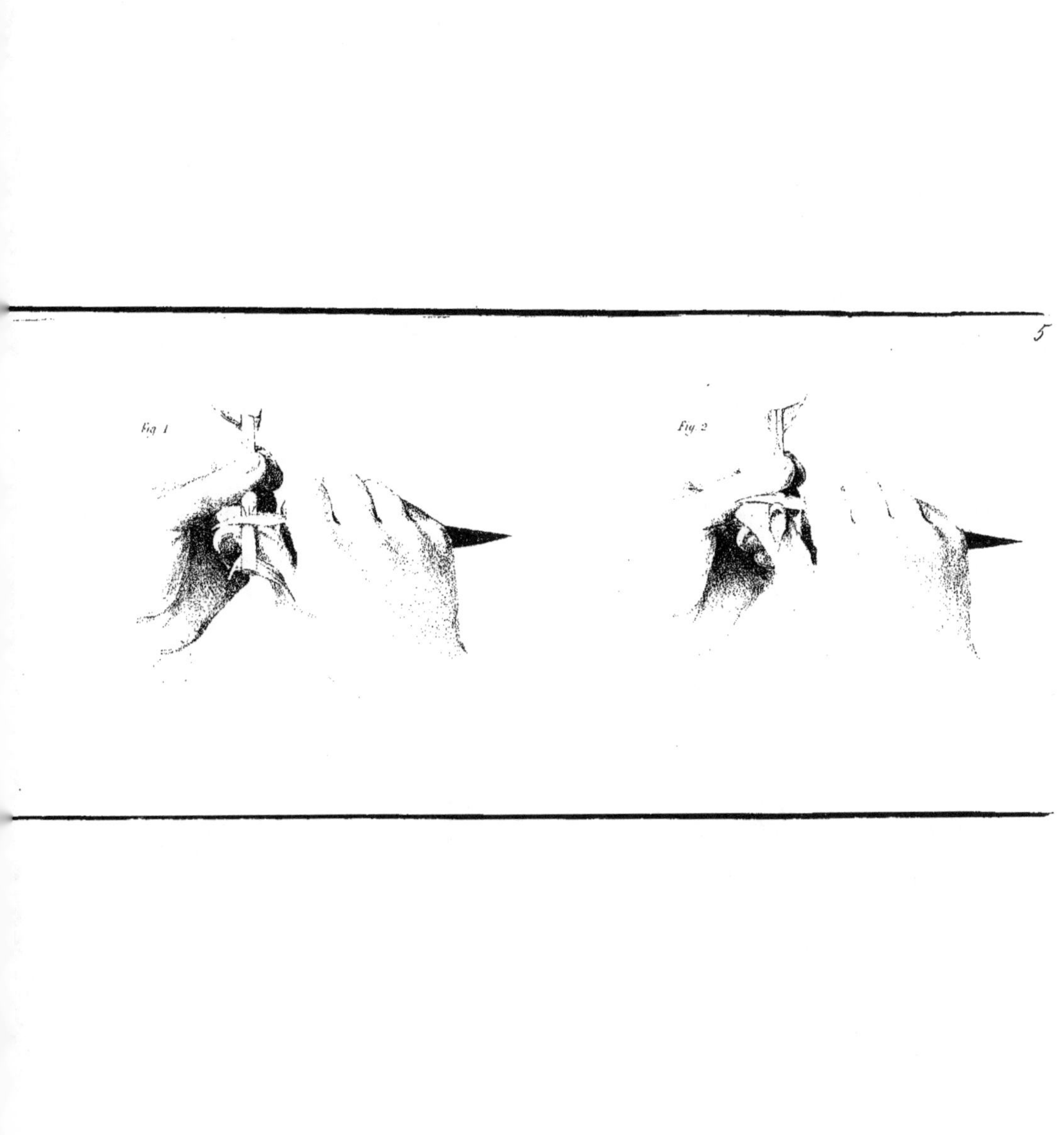
Fig 1
Fig 2

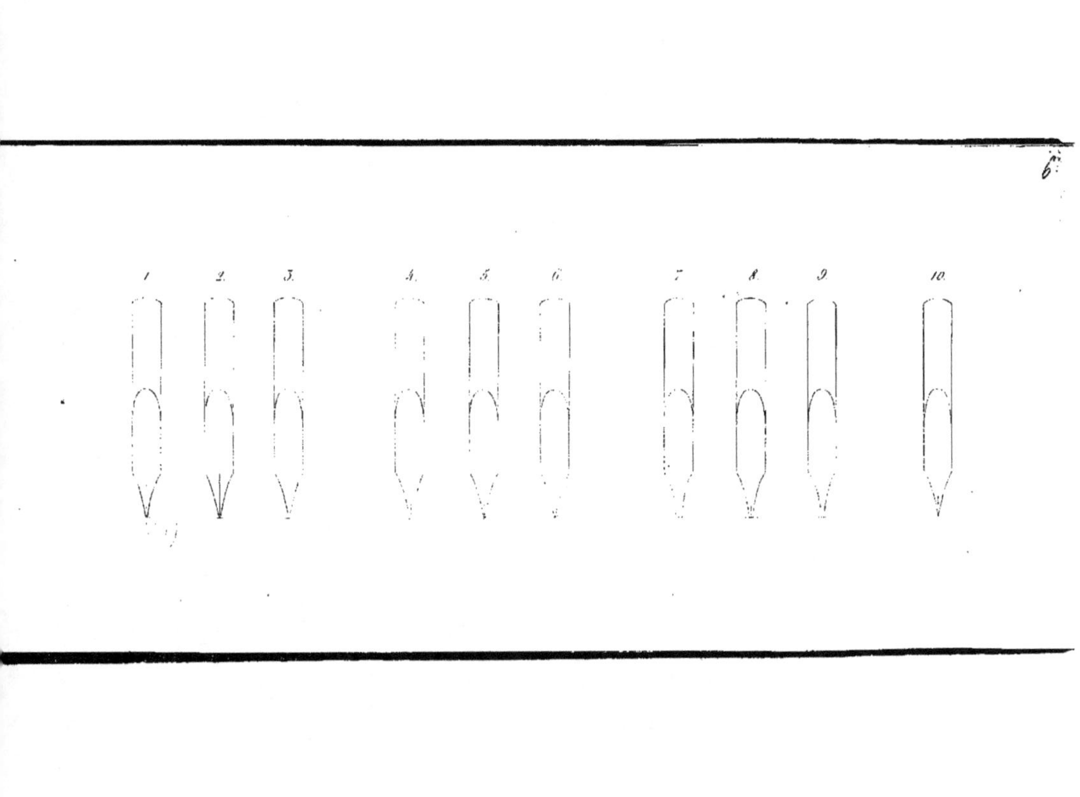

1
2
3
4
5
6
7
8
9
10

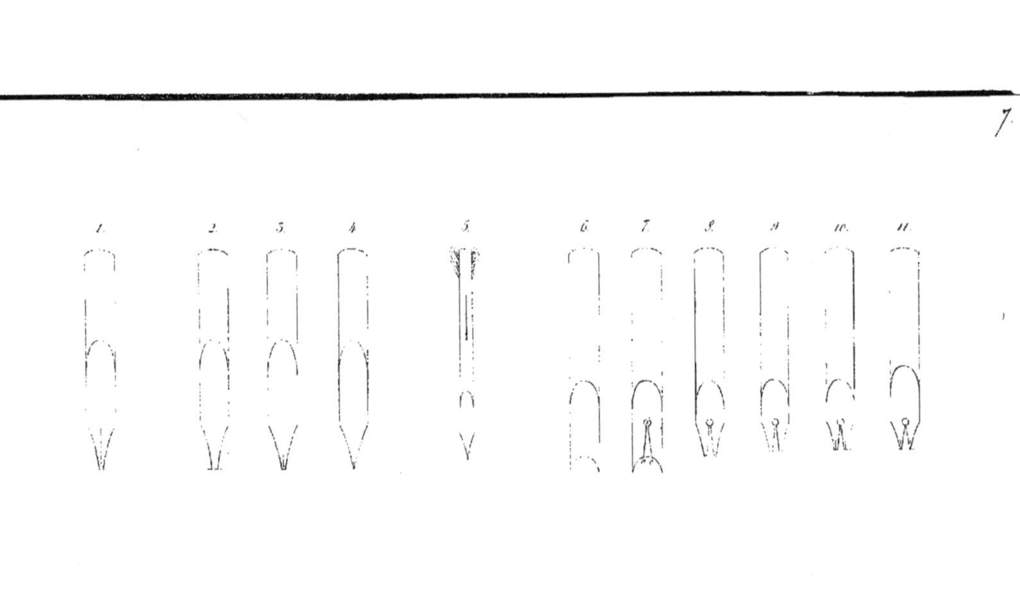

1.
2.
3.
4.
5.
6.
7.
8.
9.
10.
11.